Günter Grass

Auf einem anderen Blatt

Günter Grass
Auf einem anderen Blatt

Zeichnungen

Steidl

FÜR WALTER HÖLLERER

Übers Zeichnen zu schreiben fällt mir schwer. Nur soviel: Ich zeichne (bewußt) seit meinem dritten Lebensjahr. Bewußt zu schreiben begann ich später, etwa mit vierzehn, dem Reimzwang erliegend. Beruflich ausgebildet wurde ich nur als Bildhauer und Grafiker, ich lernte Steinmetz und Steinbildhauer und arbeitete jeweils drei Jahre in der Kunstakademie Düsseldorf und in der Hochschule für Bildende Künste Berlin; als Schriftsteller blieb ich Autodidakt. Da ich nie unter meinem Doppelberuf gelitten habe, auch, trotz vieler Aufforderungen, nicht bereit gewesen bin, den einen oder anderen Beruf aufzugeben, zeichne und schreibe ich alternierend; einzig das Gedichteschreiben und das Zeichnen bildhaft-gegenständlicher Wirklichkeiten schließen einander nicht aus, sind vielmehr gleichzeitig möglich und notwendig. Alle Gegenstände der Natur, auch die ausgestopften, sind mir Modell. Gegenstandslos habe ich nie gezeichnet, weil ich kein Dekorateur bin. Mit Farbe habe ich wenig im Sinn: Mir reicht die Skala zwischen Schwarz und Weiß. Sobald ich zu sicher werde, wechsle ich das Material, von Tinte auf Blei oder Kohle; auch schaue ich mir die Gegenstände der Natur immer wieder neu und rundum an, bis ich mir ihrer organischen und bildhaften Bezüglichkeit bewußt bin. Weil ich hingucken muß, zeichne ich nicht auswendig – Phantasie bringe ich ohnehin mit.

Die Frage nach der gesellschaftlichen Relevanz meiner Zeichnungen ist mir uninteressant. Bilder können die Welt nicht verbessern, allenfalls die Widersprüche ihrer Wirklichkeit darstellen.

Während meiner langjährigen politischen Arbeit kam ich nicht zum Zeichnen, weil die Politik alle Gegenstände der Natur (auch die ausgestopften) verstellt oder statistisch auf Flaschen zieht. Aber neuerdings zeichne und radiere ich wieder: Das macht Spaß.

Oktober 1973

Dame mit Hut, 1952, Rohrfeder

Windhühner 1, 1951, Rohrfeder und Tusche

Windhühner 4, 1951, Rohrfeder und Tusche

Windhühner 2, 1951, Rohrfeder und Tusche

Windhühner 3, 1951, Rohrfeder und Tusche

Windhuhn 1, 1955, Tusche

Windhuhn 2, 1955, Rohrfeder und Tusche

Die Vorzüge der Windhühner

Weil sie kaum Platz einnehmen
auf ihrer Stange aus Zugluft
und nicht nach meinen zahmen Stühlen picken.
Weil sie die harten Traumrinden nicht verschmähen,
nicht den Buchstaben nachlaufen,
die der Briefträger jeden Morgen vor meiner Tür verliert.
Weil sie stehen bleiben,
von der Brust bis zur Fahne
eine duldsame Fläche, ganz klein beschrieben,
keine Feder vergessen, kein Apostroph ...
Weil sie die Tür offen lassen,
der Schlüssel die Allegorie bleibt,
die dann und wann kräht.
Weil ihre Eier so leicht sind
und bekömmlich, durchsichtig.
Wer sah diesen Augenblick schon,
da das Gelb genug hat, die Ohren anlegt und verstummt.
Weil diese Stille so weich ist,
das Fleisch am Kinn einer Venus,
nähre ich sie. –

Oft bei Ostwind,
wenn die Zwischenwände umblättern,
ein neues Kapitel sich auftut,
lehne ich glücklich am Zaun,
ohne die Hühner zählen zu müssen –
weil sie zahllos sind und sich ständig vermehren.

Vogel, Blitz und Ballerina, 1955, Feder

Aus dem Alltag der Puppe Nana, 1956, Feder

Fußspuren, 1956, Kohle

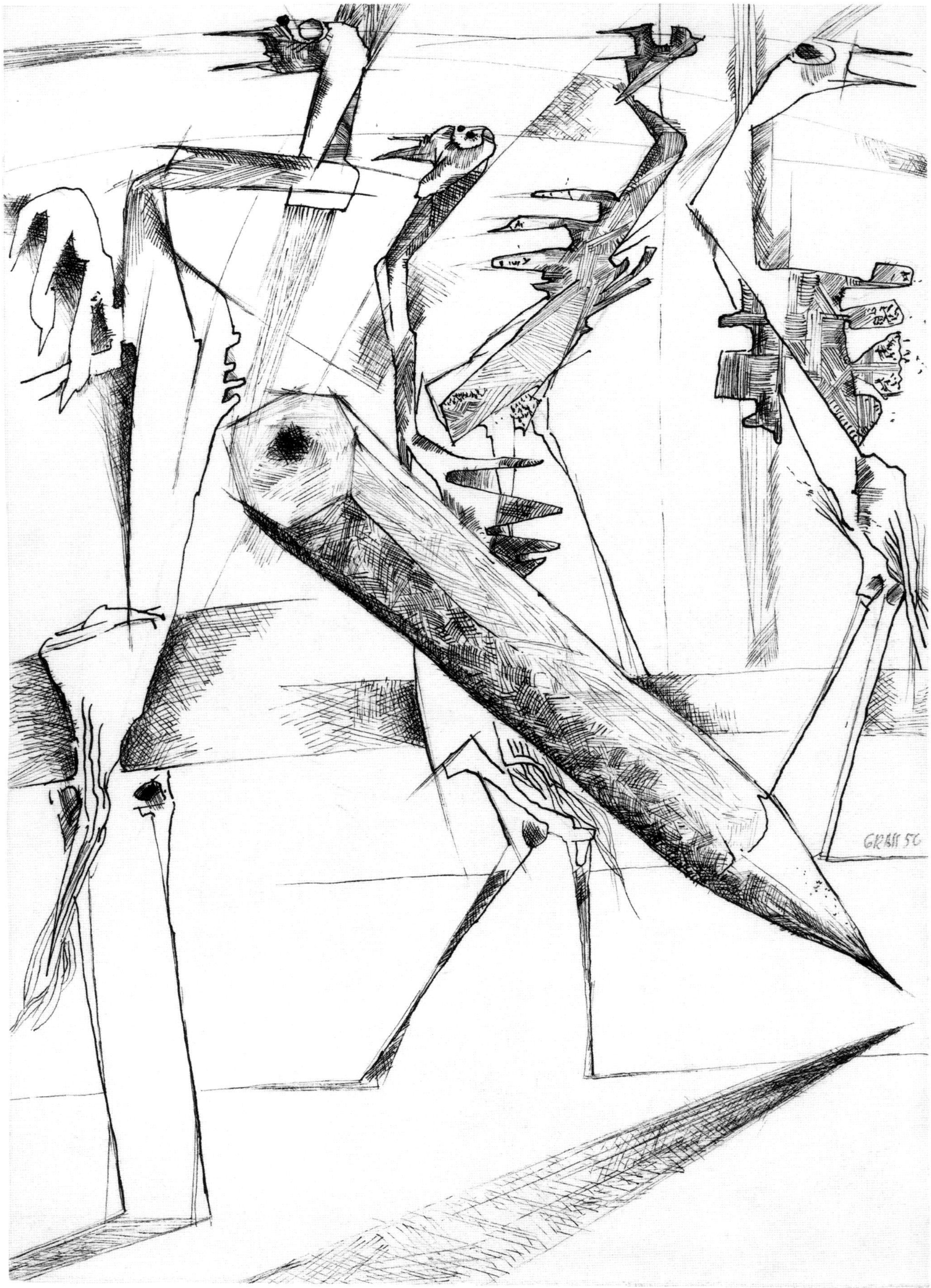

Skizze zu »Die Vorzüge der Windhühner«, 1956, Feder

Vogelköpfe, 1957, Kohle

Jagdszene, 1957, Tusche und Feder

Magere Vögel, magere Köche, 1957, Kohle

Koch, 1957, Kohle

Hahn und Schlüssel, 1958, Kohle

Skizze zu »Die Grippe« aus »Onkel, Onkel«, 1958, Kohle

Krankenschwester und Aal, 1959, Rohrfeder und Tusche

Vierlinge, 1958, Kohle

Geschwister, 1958, Kohle

Peter Rühmkorf, 1960, Kohle

Koch und Löffel, 1960, Kohle

Köche, 1960, Kohle

Ein Pulk Nonnen, 1960, Tusche

Kniende Nonnen, 1960, Tusche

Kleine Nonne 1, 1960, Tusche

Kleine Nonne 2, 1961, Tusche

Betende Nonne, 1961, Tusche

Versammlung, 1961, Tusche

Philosophen, 1963, Kohle

Kardinäle, 1963, Kohle

Steinböcke, 1965, Feder

Laura, 1967, Feder

Zwischen Marathon und Athen, 1968, Kohle

Schneckenwettlauf, 1971, Tusche

Aale und Euter, 1972, Rohrfeder und Tusche

Spinne im Glas, 1973, Asphaltlack und Feder

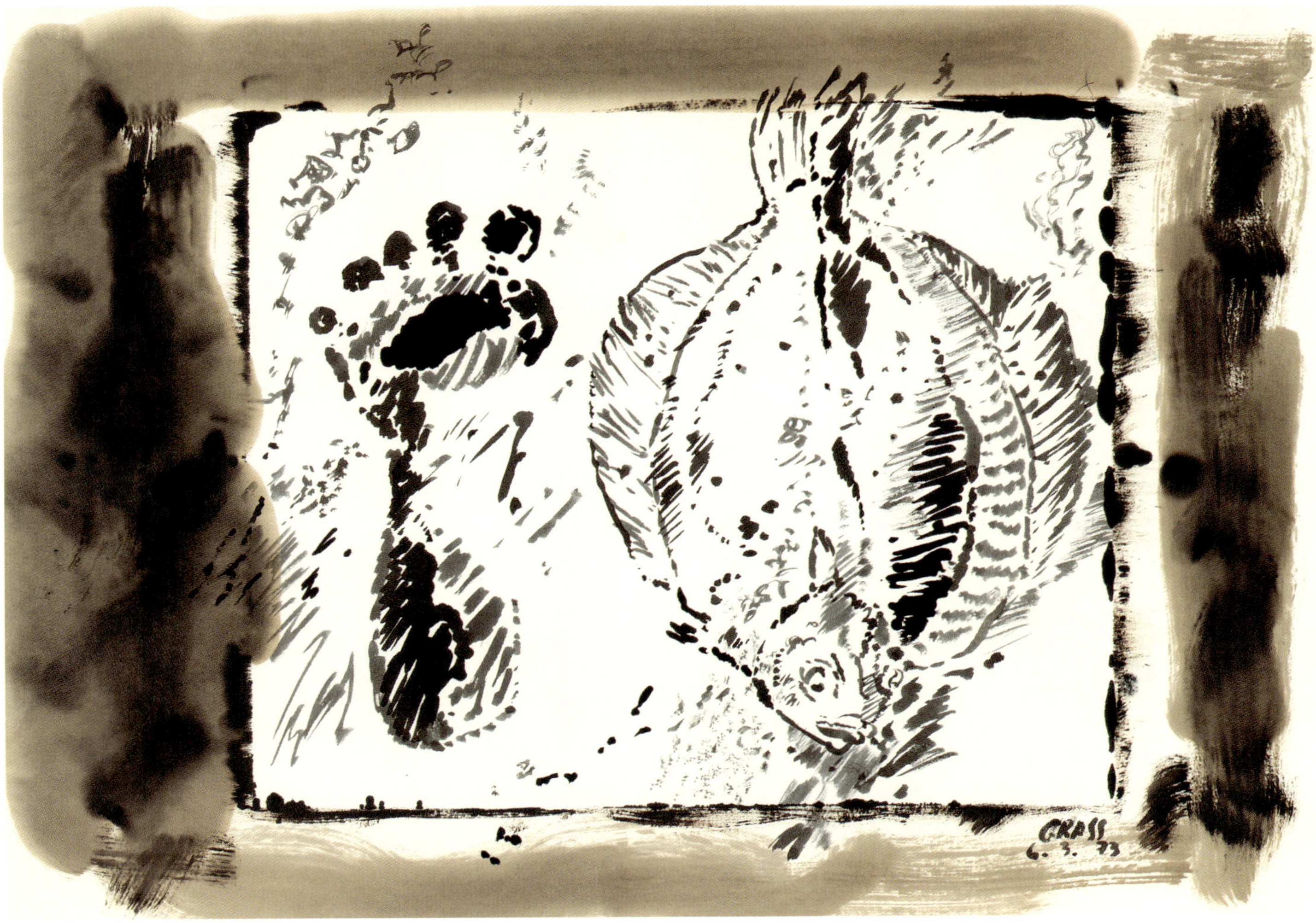

Fußlange Scholle, 1973, Asphaltlack und Feder

Auferstehung I, 1973, Asphaltlack und Feder

Aale an der Stör, 1973, Asphaltlack und Tusche

Auferstehung II, 1973, Asphaltlack und Feder

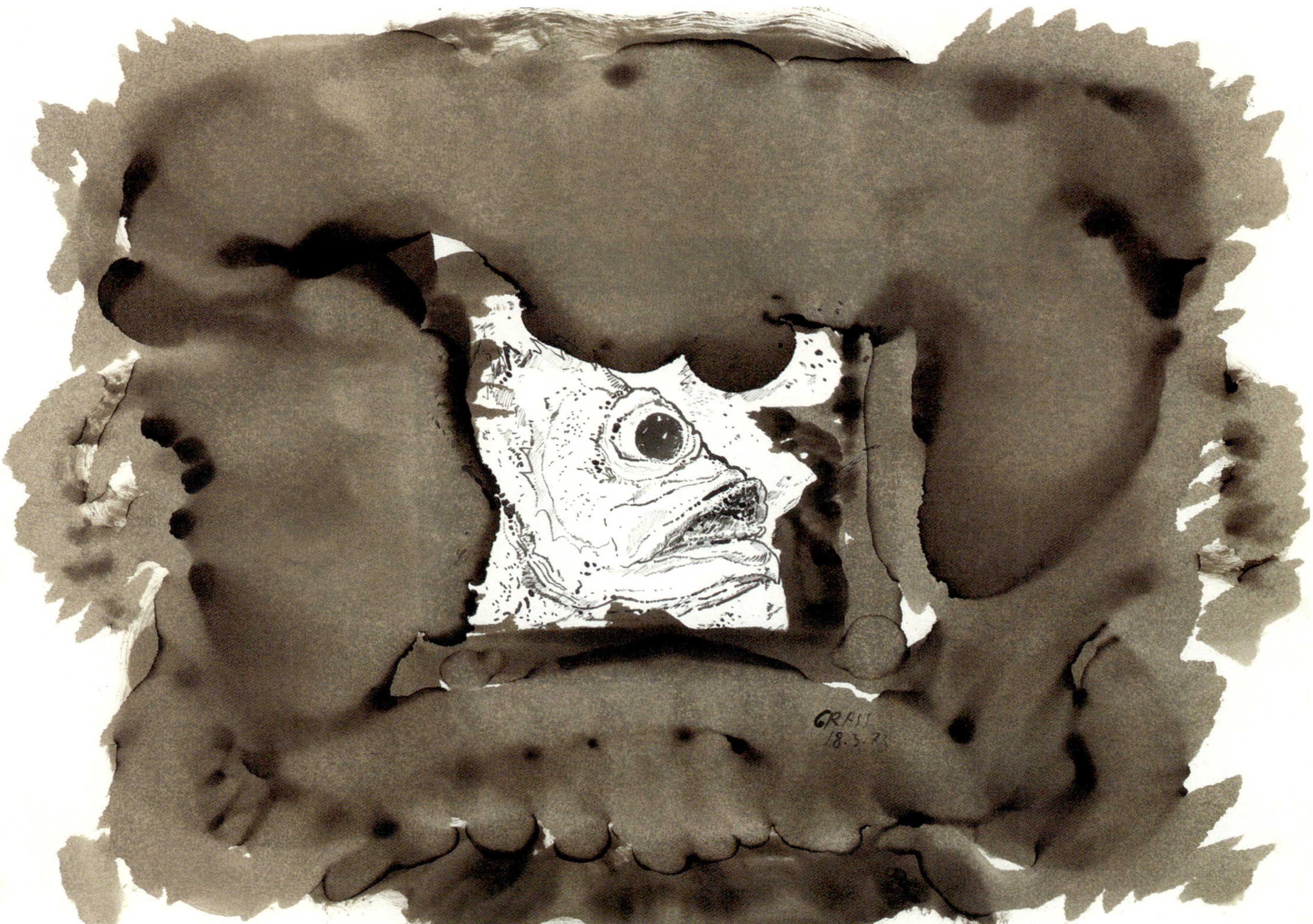

Der Rotbarsch, 1973, Asphaltlack und Feder

Mariazuehren

Schau, die Kartoffel
und ihre Keime,
wie geil die Weiden im März
und eine Wolke – als lehre das Wetter Fortschritt –
den Deich landeinwärts rückt.

Dein Lichtmesser schlägt aus.
Zwei Sekunden lang halten die Aale
auf ihrem Weg zu den Kühen still
und beten, bis sie gerinnt,
die Milch an: ein grütziges Foto.

Ich setze ein Zeichen und lösche es mit dem nächsten.
Die Hühner, die Nonnen, die Vögel, die Scheuchen ...
Und als ich heimkam, zerredet ganz und hartgesotten,
ging ich zu, kamen mir Pilze entgegen,
Schirmlinge und Boviste, entwurzelte Pimmel,
die himmelwärts zeugen.

Schau, wie das laufende halbe Schwein
die Schnecke rittlings beschleunigt.
Schau, wie die Köchin in mir
mit ihrer Möse Zitronen preßt.
Schau, was ich wegließ.

Deine wechselnden Blenden.
Dein Täschchen voller Krimskram, Tabletten
und verkniffener Tränen ...

Maria, knips mal die Spuren,
die Reste, den Abschaum und meine Kippen,
die ich seit Tagen, um Dich zu ehren
und mich zu beweisen – den Rauch.

Ein masurisches Handchenvoll, aber säuft und frißt
in sich rein, was ich tische: den Steinbutt (in Dill)
nachdem er belichtet, mit raschem Pinsel getuscht
und mystifiziert ... (Das ist Anschauung, Ausbeutung;
von Kunst quasselt nur das Gewerbe.)

Krachende Äpfel.
Das Schweigen, nachdem die Zähne.
Ich hinterließ.

Dein Auslöser jetzt, jetzt und jetzt,
weil olle Dreher mit seinem Speckballen
das säuregebissene Kupferblech höht ...

Schau, wie der Fischkopf,
den ich auf langer Stange über den Deich hielt,
damit er noch einmal,
wo sich die Elbe von weither auskotzt,
jetzt im siedenden Sud zerfällt
und beide Augen weiß – Glücksbringer –
in Deiner Suppe, Maria, kugeln, damit Du satt
und nicht mehr mit Deinem Dings ...
Doch später, entwickelt, sagte der Rotbarsch,
er sei gegen Farbe.

Akwakolor Akwakolor behaupten auf seichtem Wasser
die colorierten Enten.
Aber graustichig ist mein Traum,
und verregnet fliehen auf beiden Ufern der Stör
die Horizonte ...

Auf einmal (wieder) Gefühl.
Stottern auf neuem Papier.
Als hätten Deine Engel, die Fliegen ...
Hier ist kein Streit.
Fremd stehen sich gegenüber,
warten auf Zufall, bilden Legende ...

Mit ihrem Tuch nahm sie den Schweiß ab
und überlieferte sein Gesicht.
Ich zeichne bei Ebbe, damit die Flut,
dies, das, Dich und auch Dich in den Sand.
(Könnte ich wie der Staub,
bis ich mich nicht mehr verstehe.)

Was sich engfügt häuft lagert.
Was seinen Raum einbringt.
Jetzt bin ich fünfundvierzig und noch immer erstaunt.

Schau, wie frei ich im Ausschnitt
und die Schwärze, den Zwang,
der auf Weiß besteht, grausiebe.
Schau das gebettete Auge.
Schau die Puppe, nachdem der Besuch ging.
Schau den gebrauchten Tisch.
Plappernde Fundsachen.
Die Gräte der Gräte.
Mit Sorgfalt leichthin: Mariazuehren.

Puppe in Gesellschaft, 1973, Feder auf Fotografie

Ziegenkopf, 1973, Feder auf Fotografie

Federn, 1974, Tusche und Feder

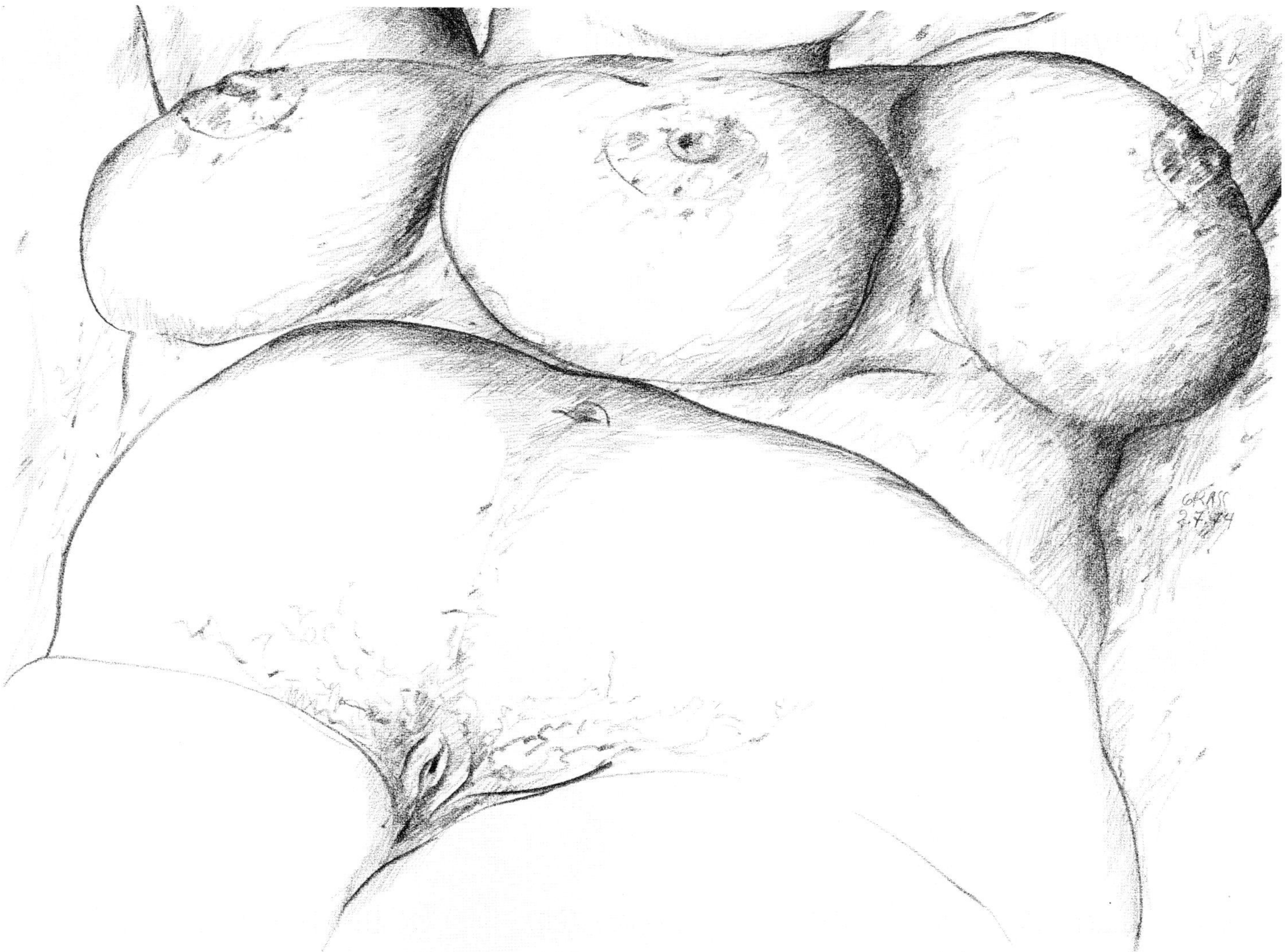

Aua III, 1974, Bleistift

Puppe mit Vogelspinne, 1975, Bleistift

Puppe mit Aal, 1975, Bleistift

Weil Vatertag ist, 1976, Tusche

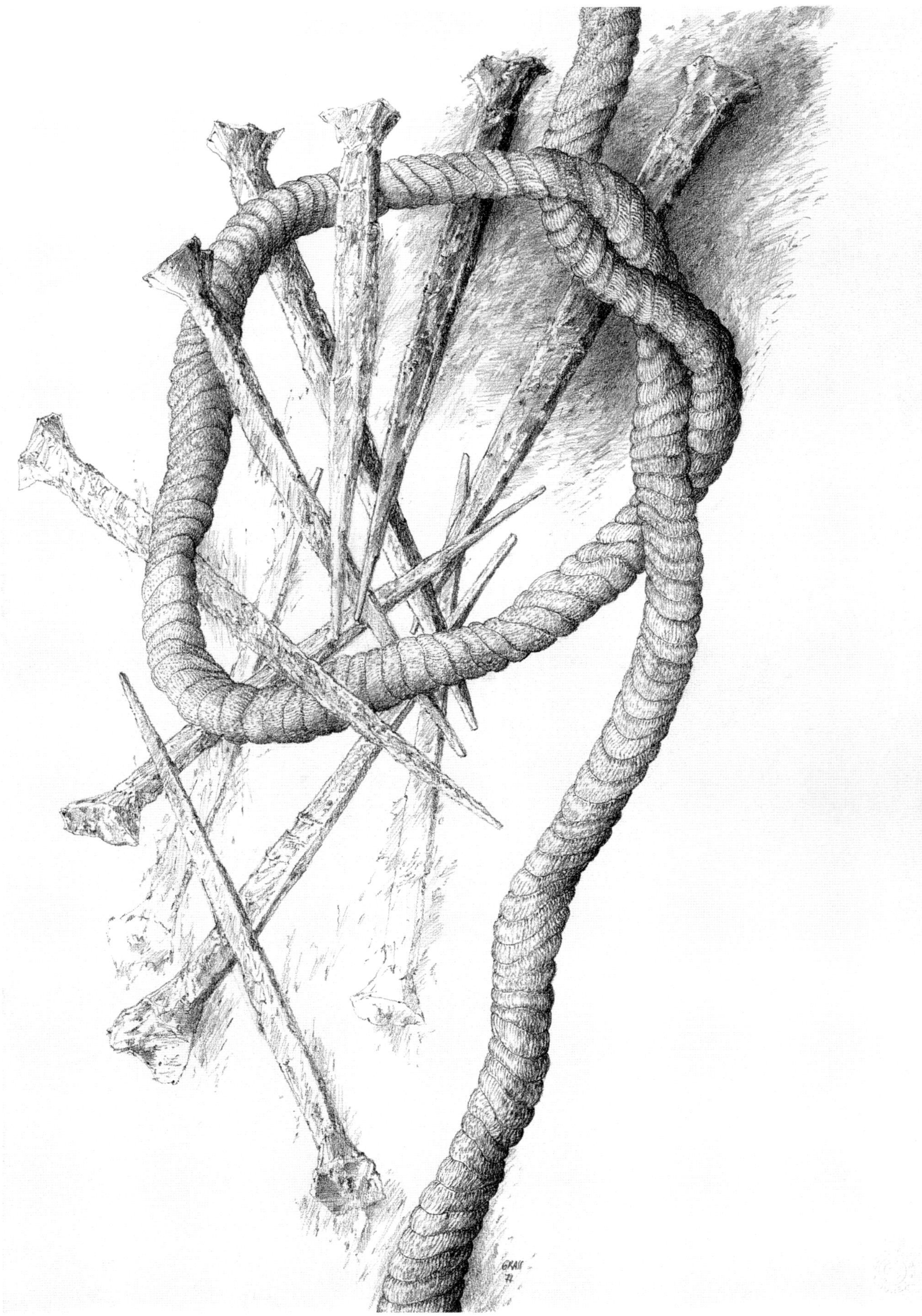

Nägel und Strick I, 1977, Bleistift

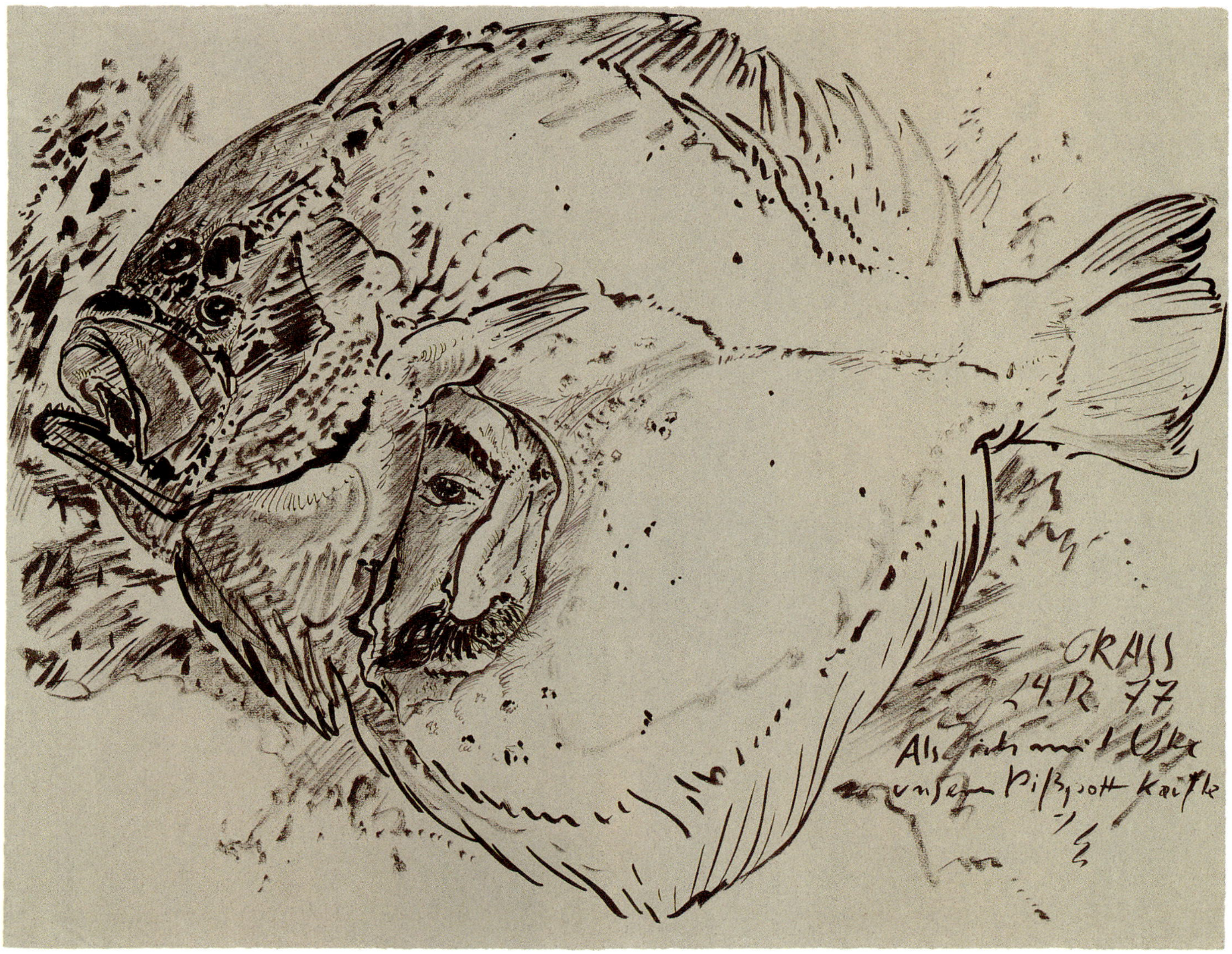

Als ich mit Ute unsern Pißpott kaufte, 1977, Tusche

Hahnenkampf XV, 1978, Rohrfeder und Tusche

Hahnenkampf VII, 1978, Bleistift

Hahnenkampf III, 1978, Bleistift

Hahnenkampf XI, 1978, Bleistift

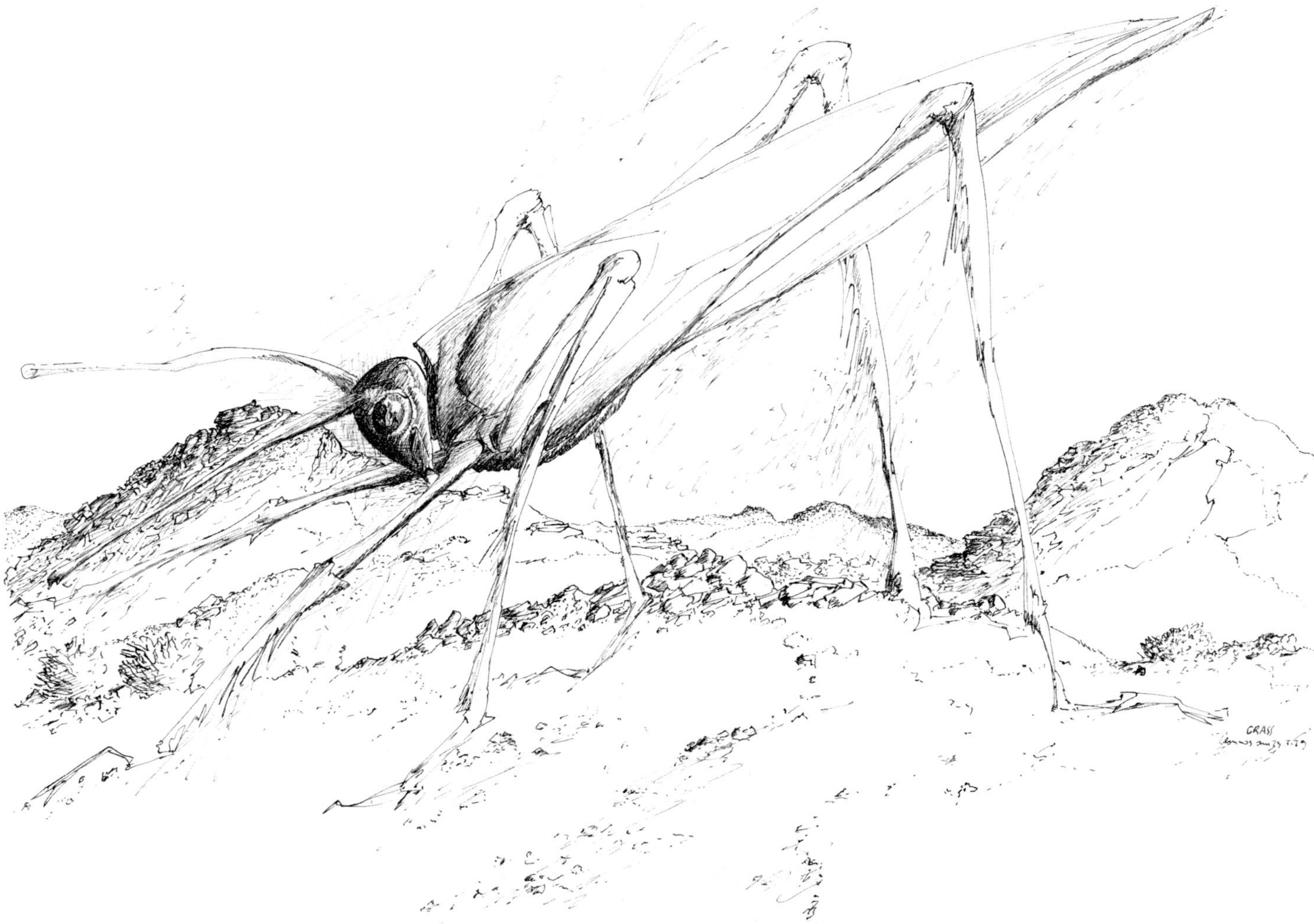

Heuschrecke auf Lemnos, 1979, Feder

Wir zwei, 1979, Bleistift

Kremplinge und weitere Pilze, 1983, Rötel

Liegende Steinfrau, 1983, Rötel

Steinfrau über Møn, 1983, Rötel

Stehend, aus Feuersteinen, 1983, Rötel

Der Sonntag hieß Kaninchen, 1985, Rötel

Raoul, 1985, Rötel

Sie übten den aufrechten Gang, 1984, Tusche

Wir gruben uns ein, 1985, Kohle

Hans und Grete I, 1985, Kohle

Hans und Grete II, 1985, Kohle

Golgatha, 1985, Tusche

Große Rattenflucht, 1985, Kohle

Rattenkönig, 1985, Tusche

Watsoncricks I, 1985, Kohle

Die Rättin vor Danzig, 1986, Kohle

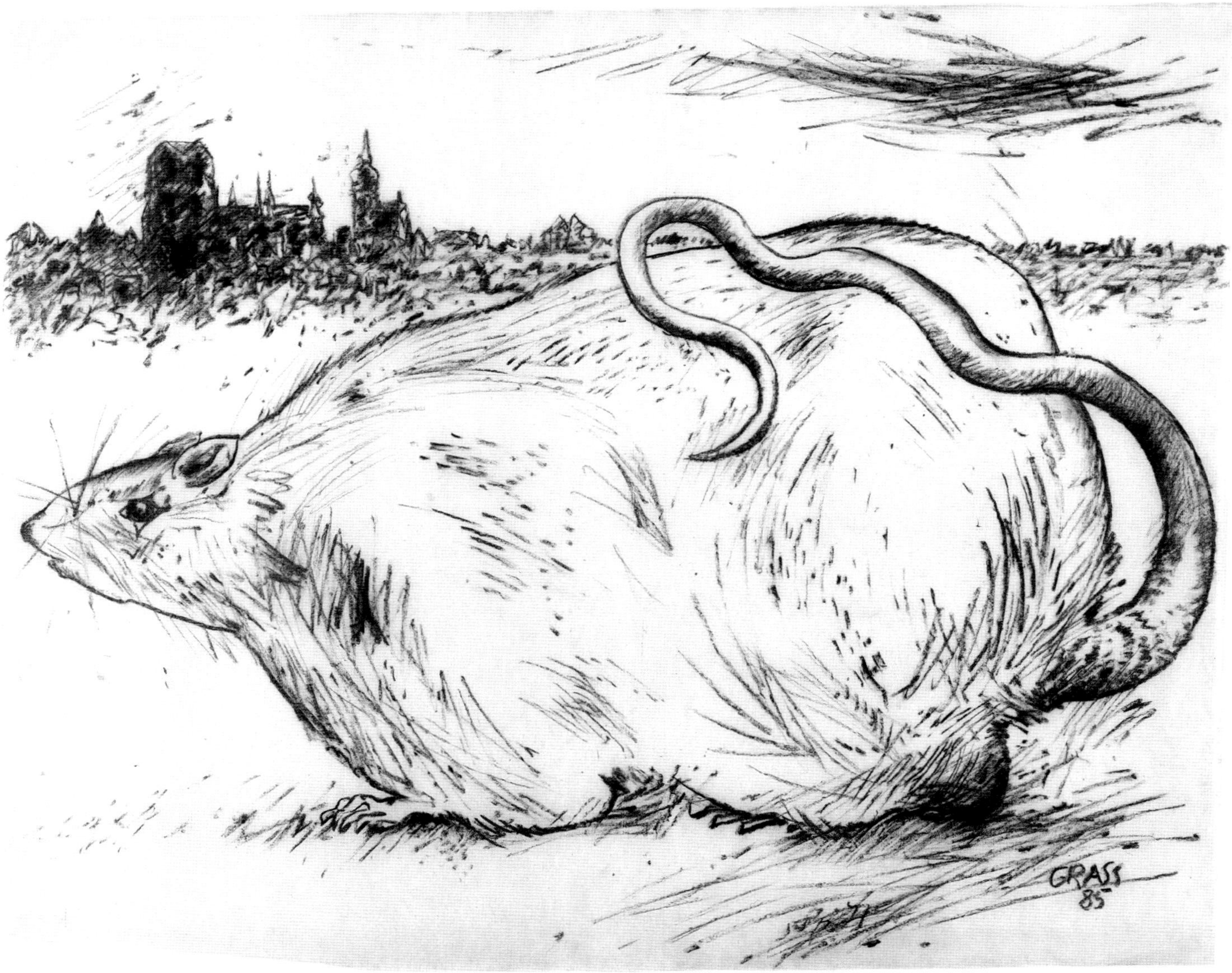

Ruhende Ratte vor Danzig, 1985, Kohle

Aufrecht, 1986, Rötel

Als wir uns eingruben, 1986, Rötel

Schlange vor Johannisbrotbaum, 1986, Rötel

Windstoß, 1986, Rötel

Widdergehörn, 1986, Rötel

Feigenbaum, 1986, Tusche und Feder

Im Mischwald, 1986, Rötel

Buchengruppe, 1986, Rötel

Unterm Banyanbaum, 1987, Natursepia

Vor den Müllsäcken, 1987, Natursepia

Selbst mit Kali, 1987, Kohle

Kali und Shiva, 1987, Kohle

Am Stadtrand, 1987, Natursepia

Kühe im Müll, 1986, Kohle

Leichenfeuer I, 1987, Natursepia

Leichenfeuer II, 1987, Natursepia

Adi Patel, 1988, Kohle

Amitava Roy, 1987, Kohle

Straßenschläfer, 1987, Natursepia

Die Frau auf der Totenbahre, deren Sterbeblick Blätter abdecken: im Laufschritt vorbeigetragen – festgehalten den Augenblick; oder, auf ihren Fersen sitzend, Hocker, die nichts außer Zeit haben; staunen, wie immer anders den Indern, in ihrer unübersehbaren Vielfalt, der Turban gelingt; Landschaft, die sich aus anfallendem Müll täglich neu schichtet; und Steinwüsten, nahe Hyderabad, die vor fünfzig Jahren noch Dschungel waren, in dem, zur Kurzweil schießwütiger Kolonialherren, Tiger umgingen; oder Kopflasten, als schwebten sie: weitausladende Bündel Brennholz, vom toten Baum gebrochen; und immer wieder die Schläfer, wie weggeworfen. – Keine Ideenskizzen liegen vor, sondern vor Ort entstandene Blätter, auf denen versucht wurde festzuhalten, was, bei andauerndem Andrang materieller Wirklichkeit, nicht verschüttgehen sollte.

Skizzieren heißt auswählen. Ich hielt fest, was mir querlag, mich anstieß oder mit Worten nicht zu benennen war. Die Wörter – verfügbare und nicht vorhandene – gehörten dem Tagebuch als Möglichkeit an, sich selbst in extrem veränderter Lebenssituation zu begreifen, das eigene Unverständnis aufzuschreiben und notfalls Distanz, Ausflucht zu suchen. Oft genug spielten sich Skizzen- und Tagebuch als vom Autor unabhängige Dialogpartner auf, die einander ins zu vage Wort fielen, dem Bild, weil es vorschnell Bild wurde, widersprachen. Schließlich sollten Zeichnen und Schreiben (und ihr Widerspruch als Gedicht) Grundlage sein für ein vorerst nur ausgedachtes Buch, das später unter dem Titel »Zunge zeigen« erschien und Calcutta, die westbengalische Metropole, zum Zentrum hat.

Von Mitte August 86 bis Ende Januar 87 war ich dort. Deshalb sind die vorliegenden Skizzen überwiegend in Calcutta entstanden. Ob flüchtige Notate – wie im Vorbeigehen wahrgenommen – oder gründliche Bestandsaufnahme – als müßten alle Baumaterialien engstehender Slumhütten beim Namen genannt werden –, immer sind die Motive dem indischen, dem bengalischen Alltag abgewonnen; der verlangt dem Zeichner, außer Respekt vor immer neuen Wirklichkeiten, Geduld ab. Denn wo er seinen Skizzenblock auf die Knie nahm, war er von Zuschauern umgeben, die sehen, einsehen wollten, was da geschah; niemals hätten sie das Abfotografieren, dieses rasche, herrische, für sie undurchschaubare Belichten ihrer Notdürftigkeit, geduldet. Mir konnten sie auf die Finger schauen. Wohl deshalb fühlte ich mich, mitten im Gedränge Nordcalcuttas, als Zeichner wie angenommen und akzeptiert, und sei es auch nur für die Dauer einer Skizze.

Ich, das heißt der Schriftsteller, zwang den Zeichner zum Hinsehen, immer wieder – und alle Ausflüchte wie Kunstansprüche verlachend – zum Hinsehen: Denn jener Slum, dessen Hütten als Mittelpunkt eine aus Zeiten der Kolonialherrschaft überlebende Denkmalbüste respektieren, wollte wahrgenommen werden; auch die Kuh vor dem Leichenfeuer, bewohnte Betonröhren, Kochstellen unter Bäumen; und jene vor undurchlässigen Häuserwänden und Fabrikmauern wie zufällig Lie-

genden, die in Calcutta als Obdachlose (weil in keinem Slum zugelassen) Pavementdweller – Pflasterbewohner – genannt werden, wollten gesehen, aufgezeichnet sein. Wer sonst nimmt sie wahr – allenfalls die Statistik.
Nachtleben zwischen Fassaden und Rinnstein. Kühe ragen ins Bild. Grüne Kokosnüsse, ausgetrunken und leergelöffelt, restliche Kohlestückchen aus der Asche geklaubt, denn überall sind Müllberge zugleich Fundgruben. Und im Müll Menschen, die als Unberührbare zum Abfall erklärt, also Müll einer Gesellschaft sind, deren Kastensystem sich geheimnisvoll gibt, doch nach längerem Hinsehen – und ich sah hin und zeichnete auf – nicht verdecken kann, daß es Unrecht und Ausbeutung zur Regel und deren Duldung zur Heilslehre macht.
Was auf Anhieb einzig Kunst im Kalkül hat, wäre hier zur Beschwichtigung verkommen. Ich versuchte mit meinen Filzstiften, Stahl- und Krähenfedern der Gefahr distanznehmender Abstraktion und den beliebten Mystifizierungen zu entgehen. In einer Zeit, deren oftberufener Geist sich hochdotiert im Wegsehen übt, diese Übung als Tugend ausgibt und als Zeitgeist den Künstlern rät, lieber nach innen zu schauen – als sei da, außer dem alten Ego, irgendwas von Belang –, ist Hinsehen vonnöten.

September 1989

Schläfer, 1988, Natursepia

Kokosschalen und Köpfe zuhauf, 1988, Natursepia

Krähen, 1988, Natursepia

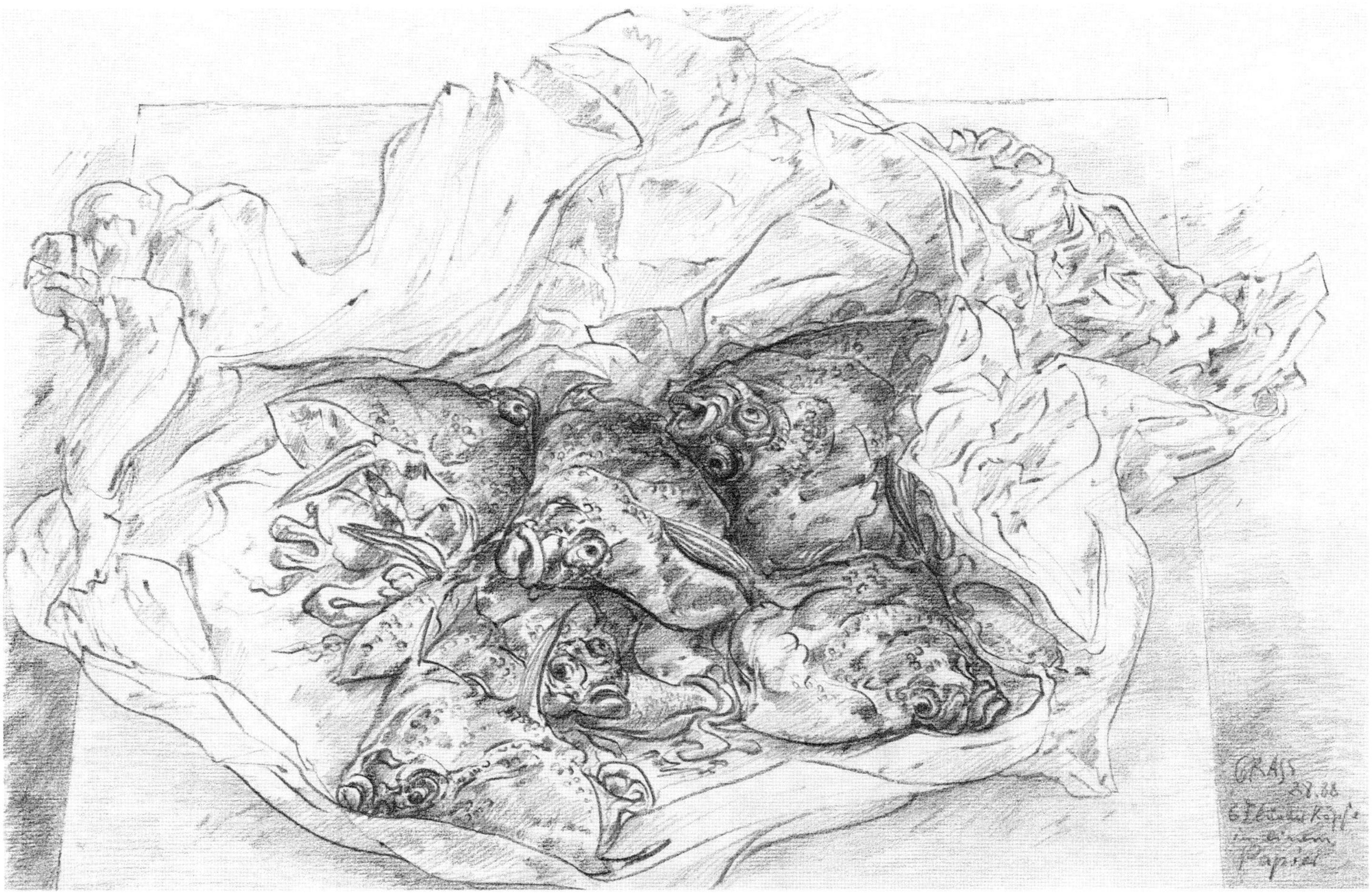

Sechs Flunderköpfe in einem Papier, 1988, Bleistift

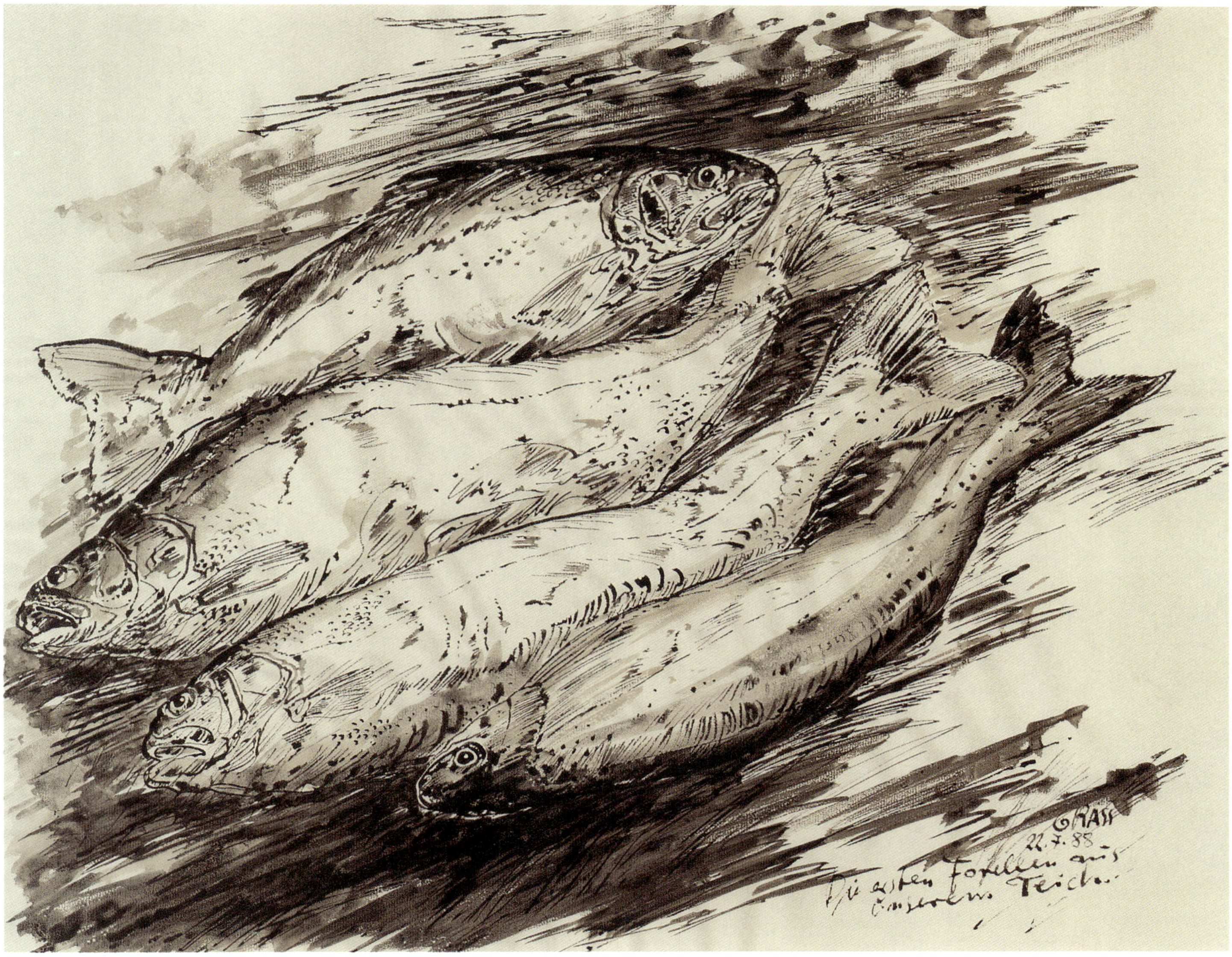

Die ersten Forellen aus unserem Teich, 1988, Natursepia

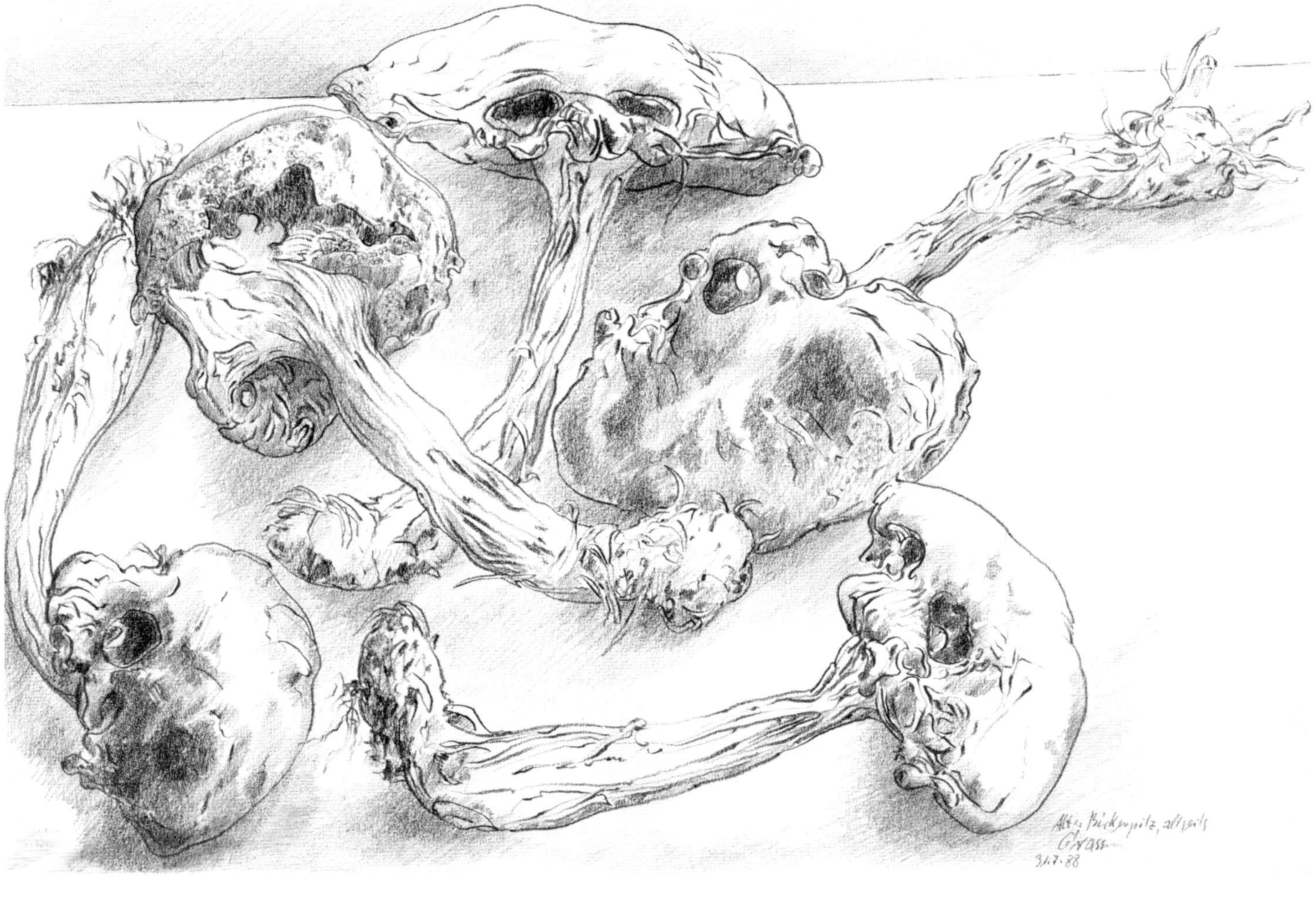

Alter Birkenpilz allseits, 1988, Bleistift

Das letzte Pilzgericht, 1989, Rötel

Toter Steinkauz, 1989, Bleistift

Hier stand Nadelwald, 1990, Kohle

Entwurzelt I, 1990, Kohle

Entwurzelt II, 1990, Kohle

Selbst im Wald, 1989, Kohle

Die Wolke als Faust überm Wald. Ein Nachruf

Vom Sommer achtundachtzig bis in den Winter neunundachtzig hinein zeichnete ich, unterbrochen nur von den Tatsachenbehauptungen des Zeitgeschehens, totes Holz. Ein Jahrzehnt ging zu Ende, an dessen Anfang ich mit »Kopfgeburten oder Die Deutschen sterben aus« mein Menetekel gesetzt hatte; doch was nun, Bilanz ziehend, unterm Strich stand, war keine Kopfgeburt mehr: Anschaulich lagen Buchen, Kiefern, denen das Strammstehen vergangen war, Birken, um ihr Ansehen gebracht, vordatiert die Hinfälligkeit der Eichen. Und bemüht, diesen Ausdruck von Forstarbeit zu steigern, traten zu Beginn des neuen Jahrzehnts kurz nacheinander Orkane auf, fünf an der Zahl, gewillt, mit aufrechtem Baumbestand Mikado zu spielen.

Es war wie Leichenfleddern. Hinsehen und festhalten. Oft fotografiert und farbig oder schwarzweiß zur Ansicht gebracht, blieb dennoch unglaubhaft, was Statistiken und amtliche Waldzustandsberichte bebildern sollten. Fotos kann jeder machen. Wer traut schon Fotos!

Also zeichnete ich vor Ort: in einem dänischen Mischwald, im Oberharz, im Erzgebirge, gleich hinterm Haus, wo Wald dicht ansteht und das Nadelholz aufgegeben hat. Anfangs wollte ich mich mit Skizzen begnügen und den feingesiebten Rest, was man nicht sieht, was in Ausschüssen vertagt, in Gutachten und Gegengutachten zerredet oder im allgemeinen Gequassel beschwiegen wird, aufschreiben, wie ich anderes, zuletzt den Alltag in Calcutta, aufgeschrieben hatte.

Aber über den Wald, wie er stirbt, steht alles geschrieben. Über Ursachen und Verursacher. Woran und wie schnell oder langsam er auf Kammlagen oder im Flachland krepiert. Was ihn retten, überhaupt oder teilweise retten könnte. Neue Wörter wie Panikblüte und Angsttrieb sind geläufig. Naßkernfäule. Gähnenswert und akzeptiert (wie der Graf mit dem Stock) ist die alltägliche Korruption. Und immer wenn die Waldschadenserhebung pünktlich im Herbst vorliegt, schweben Leitartikel und Kommentare ein, die zutiefst besorgt beginnen und jeweils vorm Schlußpunkt zu hoffen wagen. Alles – auch daß es gleichbleibend fünf vor zwölf ist – wird gesagt. Nichts muß verschwiegen werden. Wir leben in einem Land, dessen Freiheit geräumig ist; weshalb allen Bürgern (von Kindheit an) »freie Fahrt« zugesichert bleibt.

Maulfaul zeichnete ich vor Ort. Allenfalls Untertitel, mehr kürzere als längere, fielen ab. Bäume, die ihre Wurzeln zeigen, machen sprachlos. Was noch außer amen sagen? Grimms Wälder und wie sich Hänsel und Gretel im toten Wald verlaufen, waren schon zu Buch geschlagen. Allenfalls hätten sich im Oberharz Goethe und Heine herbeizitieren lassen, etwa am Dreieckigen Pfahl, der vormals Herzogtümern und Grafschaften Grenzstein gewesen ist. Wir kamen auch ins Geplauder, doch blieben die beiden – bei allem Witz – ihren zeitgenössischen Sorgen untertan. Sie ließen mich mit dem toten Holz allein. Oder vergraulte ich sie, indem ich allzu ausführlich gegenwärtige Schadstoffstatistiken wörtlich nahm? Mortalitätsmuster der Weißtanne. Feinwurzelfäulnis der Buchen. Was alles den Regen sauer macht: Die Wolke als Faust überm Wald.

Stur konzentrierte ich mich aufs Hinsehen. Indem es lag, fiel dem toten Holz mehr ein, als sich in Skizzen festhalten ließ. Weiterführende Zeichnungen hatten Zeichnungen zur Folge, die keine ablenkende Stimmung duldeten und Schwärze bei Gegenlicht beschworen. Ich zeichnete mit sibirischer Reißkohle, einem Holzprodukt. Für Pinsel- und Rohrfederzeichnungen benutzte ich natürlichen Sud, gewonnen aus frischer Tintenfischtinte. Während ich zeichnete, rauchte ich: wie immer zuviel.

Hinsehen, wieder die Skizzen befragen. Nur nicht abstrakt werden. Dinglich bleiben. Du bist Augenzeuge. Sonst ist hier niemand. Was knackt, lebt nicht mehr. Allenfalls Borkenkäfer, die sich wie du vom toten Holz nähren. Was von den Birken blieb: Scham. Fichten, die auswandern wollten, kamen nicht weit. Diese Buchen, wie sie leibhaftig überkreuz liegen, hätten deinem Großvater, dem Tischlermeister, das kalkulierende Herz gebrochen. Was fällt dir noch ein lauthals gegen die Stille? Tannhäuser. Die Waldheimaffäre. Buchenwald. Im toten Wald »Waldeslust! Waldeslust!« rufen.

Oder das Vertraute spiegelverkehrt sehen. Wie sich der Zeichner seinen Motiven nähert. Oft geht er ihnen tagelang aus dem Weg. Indem er sie meidet, spart er sie auf. Er blinzelt vorbei. Erhofft, sie könnten verschwinden, ihm gestohlen bleiben. Etwa diese Fichten am Waldrand, zur Heide hin, deren Wurzeln weggefault sind und deshalb beim letzten Nordwest ... Windbruch sagen dazu die Förster. Nun liegen sie, von hier aus gesehen, im Hochformat. Wie um das Wort radikal ans Licht zu bringen: Wurzeln, die himmelwärts zeugen. Was ihm die Sprache verschlägt, wertet der Zeichner aus: Ein auf Befehl erstarrtes Birkenwäldchen. Mehrmals (im Querformat) die Stämme auf halber Höhe gekappt. Jetzt ist der Zeichner vorübergehend zufrieden.

Kahlschlag in unseren Köpfen. Was bringt Menschen dazu, Wälder sterben zu lassen? Unter Bedauern, gewiß, aber doch achselzuckend, als habe der Wald sich ohnehin überlebt, ein Fossil. Jemand, der vorgibt, in großen Zeiträumen zu denken, sagt: Die Natur wird sich schon zu helfen wissen. Außerdem hat sich der Wald in unserer Kultur konserviert: in Gedichten ungezählt, im deutschen Lied, in Gemälden, die in klimatisierten Museen hängen, in unseren Märchen ... Hier, genau hier (im Erzgebirge) hat sich Rumpelstilzchen sein Bein ausgerissen.

Als ich dort, zwischen Zinnwald und Gottgetreu, zeichnete, bestand die DDR noch in ihrer selbstgewissen Machtfülle, doch ließen die Zwänge schon nach: Materialermüdung. Wir kamen, wie einst der Maler Caspar David Friedrich, wenn er fromme Fichten skizzieren wollte, von Rügen her und fuhren über Dresden.

Von dort führt diese strategisch wichtig gewordene Straße übers Erzgebirge direkt nach Prag. Zweimal folgten ihr in diesem Jahrhundert deutsche Soldaten mit klarem Auftrag; die Tschechen erinnern sich.

Dann zerfiel von Tag zu Tag die Staatsmacht der Deutschen Demokratischen Republik, während ich zwangsläufig Blatt nach Blatt totes Holz zeichnete. Das färbte auf Untertitel ab. Wenn man im Oberharz von Deutschland nach Deutschland schaut, sind die Waldschäden verwandt und ist die Wiedervereinigung schon vollzogen. Mit Glasnost in den Wäldern beginnen!

Als das Volk in Leipzig, Dresden, Berlin rief: »Wir sind das Volk!«, stand auf einem der Transparente: »Sägt die Bonzen ab, schützt die Bäume!« – Auch wenn nur die Bonzen des einen Staates gemeint waren, wüßte ich Bonzen des anderen Staates genug und überall schutzbedürftige Bäume; nur fehlt es am Volk, das riefe: »Wir sind das Volk!«

Schon lange vor Leipzig: Von Montag zu Montag knicken sie ein, stürzen, zeigen schamlos die Wurzeln vor, abgestorben seit langem. Jeder Baum besteht fallend darauf, anders zu liegen. Der Zeichner ist dankbar für soviel Hinfälligkeit. Auch die noch stehen, weil sie von oben herab absterben, sind, oft zu Stummeln verkürzt, verschiedener Gesten mächtig: Dieser Baum klagt an, dieser vergeht vor Scham, ein anderer verrät noch als Torso seine einst weitausladende Schönheit, und der hier läßt sich Mitleid aufschwatzen. Alle, behauptet der Zeichner, rufen Erbarmen.

Doch dafür ist es zu spät. Wir haben keine Zeit, uns Sentimentalitäten zu leisten. Voranmachen müssen wir, sonst laufen uns die Japaner, die Koreaner, überhaupt die Asiaten davon. Allenfalls sinngebende Trostpflaster: Stirb und werde. Zeilenschindende Innenschau. Von Lehrstühlen herab das Erhabene feiern. Oder den Dichter Handke um heilende Wörter bitten.

Als ich Anfang April im Oberharz, Ende Juli im Erzgebirge zeichnete, war das Wetter veränderlich. Nach kurzem Aufklaren – lang genug für eine Skizze – fiel im Harz Schneeregen, überraschten im Erzgebirge, wo wir in Göschels von Mäusen bewohnter Zuflucht hausten, heftige Regenschauer. Tiefziehende, geballte, an keiner Staatsgrenze zögernde Wolken kamen aus westlicher, nordwestlicher Richtung, hatten sich unterwegs angereichert, waren gesättigt, brachten mit sich zollfrei. Letzte Ausschüttung: Dividende. Die Wolke als Faust überm Wald.

Es heißt: Mit den Wäldern sterben die Menschen aus. Ich glaube das nicht. Die sind zäher und können mehr einstecken, als sie sich zufügen. Nach längerem, nach kurzem Erschrecken (zuletzt nach Tschernobyl) gingen sie unverändert – es war ihnen wirklich nichts anzusehen – zur Tages-, zur Geschäftsordnung über, erfreut, weil die altbekannten Sachzwänge handlich geblieben waren. Nur als das Robbensterben in der Nordsee wochenlang leicht lesbare Zeitungen stimulierte, war die neueste Stimmung im Westen annähernd vorrevolutionär. Später, als andere

Schrecken Saison hatten, hieß es: Sie seien nicht umweltvergiftet verreckt, vielmehr habe eine Art Grippe die niedlichen Heuler erwischt.

Der Zeichner wählt aus. Hier ist es beginnende Nadelbräune, die allenfalls Spezialisten auffällt: ein Krankheitssymptom, das, nach Prozenten berechnet, Statistiken sättigt. Auch hier sieht es, trotz der zu Storchennestern verflachten Gipfel einst gotisch entworfener Fichten, noch relativ aus, verglichen mit Kammlagen, die sprachlos machen und auf den Zeichner warten. Er will es deutlich, augenfällig haben. Ihn zieht, sobald die Sieger abgezogen sind, das Schlachtfeld an. Wo es wüst aussieht, ist sein Ort. Das macht ihn auf wütige Weise glücklich, wenn er mit seinem knirschenden Holzprodukt Verluste melden kann. Hier, zum Beispiel, auf dem Sonnenberg, der kahl mehr Aussicht bietet.

Dann lag zu Hause die Eule im Kamin. Wir hatten versäumt, den Schornstein mit einem Dohlengitter abzudecken. Äußerlich heilgeblieben, ohne besonderen Geruch, den Eulenblick zu Schlitzen verengt, die Greifkrallen im hellen Flaum der Unterseite gebettet, so bot sie sich letztlich an. Ich zeichnete sie allseits mit Blei, stinkender Tintenfischtinte, mit Kohle. Dann legte der Zeichner die tote Eule zwischen und vor totes Holz. Er ließ sie zur Wolke werden, die über starren Baumstümpfen (zwischen Zinnwald und Gottgetreu) abregnet. Die Eule als Faust geballt überm Wald.

Und überall Silbenschwund, Lautverfall, weil auch uns dieser Regen trifft, den wir sauer nennen. Verluste abschreiben. Bilanz ziehen. Im vergangenen Jahr – reich an Ereignissen – zählte Rumänien plus Panama gleich Weihnachten. Es ist zum Heulen. Doch weil es zu oft zum Heulen ist, gewinnt zusehends das kleine tapfere Durchhaltelächeln. Immerhin rüsten sie an den Rändern ab. Wirtschaftlich geht es uns bestens. Und auch sonst ist, seitdem die Mauer fällt, alles offen. Die drüben müssen uns das nur nachmachen, dann geht es auch ihnen bald bestens wie uns. Und weg von ihrer Braunkohle müssen die. Und endlich begreifen, daß Leistung nur zählt. Und keine Berührungsangst haben; wir beißen ja nicht. Und gäbe es nicht diesen Spielverderber, Ozonloch genannt, dem wir immerhin einen Sommer verdanken, der nicht enden konnte; und wenn die da unten am Amazonas endlich aufhören wollten, mit ihren Kettensägen, von denen viele deutsche Produkte von Qualität sind, ihren Urwald, der schließlich auch unserer ist, abzuholzen, einfach abzuholzen; und wenn man in Indien (und sonst wo noch) endlich begreifen würde, daß man sich nicht wie die Kaninchen, dazu viel zu viele Kühe, nein, nicht nur Milliarden Spraydosen und Kühltruhen, sondern Kühe, die Kühe auch, die unser aller Ozonloch immer größer und größer machen; und wenn nicht endlich ein Wunder geschieht ...

Der Zeichner zögert. So durchsichtig, bald gläsern, spröde zerbrechlich (dem nächsten Wind übers Knie) gelingen Wälder auf weißem Papier. Immer aufrecht, gut erzogen. Sachlage nun, wegräumen!

August 1990

Gestürzte Buche, 1989, Kohle

Die Wolke über dem Wald, 1989, Natursepia

Überm toten Holz Wolken, 1989, Natursepia

Im Sommer 89, Blatt VII, 1989, Kohle

Im Sommer 89, Blatt I, 1989, Kohle

Im Sommer 89, Blatt III, 1989, Kohle

Windbruch II, 1989, Kohle

Ulvshale Skov I, 1990, Bleistift

Ulvshale Skov II, 1990, Bleistift

Ulvshale Skov III, 1990, Bleistift

Ulvshale Skov IV, 1990, Bleistift

Am Tag X, 1990, Kohle

Zwischen dem Abraum, 1990, Kohle

Am Rand von Pritzen, 1990, Kohle

Zwischen Spremberg und Hoyerswerda, 1990, Kohle

Bei Hoyerswerda, 1990, Kohle

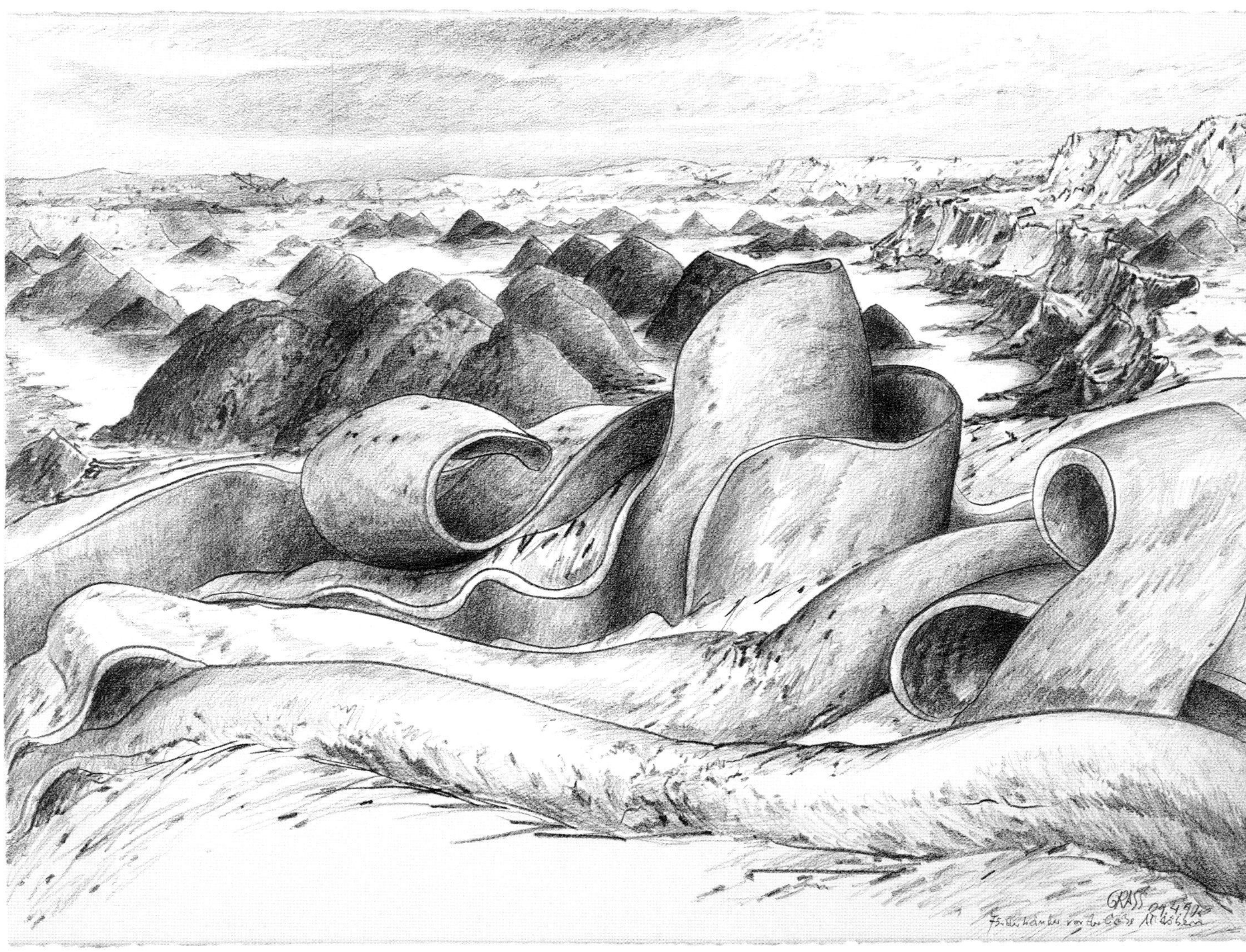

Förderbänder vor der Grube Altdöbern, 1990, Kohle

Von Altdöbern aus, 1990, Kohle

Grube Pritzen, 1990, Kohle

Im Hintergrund Schwarze Pumpe, 1990, Kohle

Brief aus Altdöbern, 1990, Kohle

Brief aus Altdöbern

Meine uralten Vögel sind wieder da. Diesmal in neuer Landschaft zwischen Hoyerswerda und Senftenberg, wo die Braunkohle zutage tritt.
Zum 1. Juli einen Brief aus Altdöbern schreiben. Das liegt in der sandigen Lausitz. Gleich hinter der Frauenklinik bricht die Erdkruste ab. Ausverkauf im Industrieladen. (Zwei Wochen bevor die D-Mark die Macht ergriff, kaufte ich mir in Altdöbern einen Bleistiftanspitzer.)
Förderbänder, die ausgedient haben. Wessen Gedärm liegt zuhauf? Warten auf das versprochene Wunder. Draufzahlen! ruft jemand über Lautsprecher wiederholt: Draufzahlen!
Als ich aus Altdöbern schrieb und die Landschaft aufgeschlagen lag, schaute mir – wer alles – über die Schulter; und der Butt aus dem Märchen »Es war einmal« sagte ...
Schwarz, in sich vergafft: schwarz. Schwärze auf Lager. Unterhalb Pritzen kegelig schwarz. – Hau ab! Nichts zu scharren, picken, treten hier. Nichts mehr zu holen. (Da kräht doch kein Hahn nach.)
Als ich, bevor Altdöbern im Kalender stand, auf Kammlagen im Oberharz, wo Deutschland an Deutschland grenzt, die Vorboten der Vereinigung sah: kopflos, auf halber Höhe gekappt ... Silbenschwund. Lautverfall. Die Wörter fielen mir aus. Allenfalls Ortschaften sind noch zu benennen: Das war im Erzgebirge nahe Zinnwald, Hemmschuh, Gottgetreu ...
Und als ich zurückkam, maulfaul inzwischen, und genug hatte vom toten Holz, lag im Kamin tot die Eule; dann, zwanghaft schon, wollte ein Birkenpilz allseits von sich, nur noch von sich reden. Das war im Jahr vier der Normalisierung nach Tschernobyl, als es uns wirtschaftlich besser und besser ging.
Doch immer noch wandern Ratten von rechts nach links, nun vor Landschaft in sandiger Lausitz, wo der VEB »Schwarze Pumpe« gen Himmel, doch nun gesamtdeutsch ...
Zwischen Hoyerswerda und Senftenberg, nahe Altdöbern: Sie hat uns überrundet, die Schnecke auf ihrer Kriechsohle, uns, die Weltmeister im Hoch- wie Weitsprung, überrundet. (Jetzt hecheln wir ihrer Spur hinterdrein.)

August 1990

Treuhand, 1992, Bleistift

Große Unke III, 1992, Natursepia

Unke, 1992, Natursepia

Große Unke, 1992, Tusche

Kriechende Unke, 1992, Tusche

Schwarze Sonnenblumen, 1992, Kohle

Platte Unke, 1992, Natursepia

Zu zweit, 1995, Rohrfeder und Tusche

Zum Horizont hin, 1995, Kohle

... und zurück, 1995, Kohle

In bewegter Reihe I, 1995, Kohle

In bewegter Reihe II, 1995, Kohle

Zum Horizont, 1995, Natursepia in Aquarell

Mit Tagundnachtschatten, 1995, Natursepia in Aquarell

Bei Regen vorm Abgrund, 1995, Natursepia in Aquarell

Im Gespräch, 1995, Natursepia in Aquarell

Aufgereiht, 1995, Natursepia in Aquarell

Auf dem Rückweg, 1995, Natursepia in Aquarell

Abgewendet, 1995, Tusche

Immer noch im Gespräch, 1995, Tusche

Eng beieinander, 1995, Tusche

Was auf uns zukommt, 1995, Bleistift

Von links nach rechts, 1995, Bleistift

Inhaltsverzeichnis

Bilder können die Welt nicht verbessern, in: »Zeit-Magazin«, 12.10.1973, S. 16;
Die Vorzüge der Windhühner, in: »Die Vorzüge der Windhühner«,
Berlin-Frohnau/Neuwied 1956, Umschlagklappe;
Mariazuehren, in: »Mariazuehren«, München 1973, S. 1;
Hinsehen und Aufzeichnen, in: »Skizzenbuch«, Göttingen 1989, S. 5–7;
Die Wolke als Faust überm Wald. Ein Nachruf, in:
»Totes Holz. Ein Nachruf«, Göttingen 1990, S. 103–110;
Brief aus Altdöbern, in: »Brief aus Altdöbern«, Remagen-Rolandseck 1991
(= »Signatur: Zeit Schrift Bild Objekt Nr. 14«).

1. Auflage Februar 1999

Gestaltung: Günter Grass, Gerhard Steidl
Scans: Gert Schwab/Steidl, Schwab Scantechnik GbR
Druck und Gesamtherstellung: Steidl, Göttingen
ISBN 3-88243-617-4